Rosmarie Rautenberg

SPRÜNGE
IM GLAS DES LEBENS

Gedicht-Blicke

Impressum:

© 2018 Rosmarie Rautenberg
https://www.atelier-roraz.de

Umschlaggestaltung und Illustrationen:
Rosmarie Rautenberg

Lektorat und Korrektorat:
Gottfried Rautenberg

Verlag & Druck: tredition GmbH, Hamburg
www.tredition.de

ISBN: 978-3-7469-3892-9

Bibliografische Information der Deutschen Nationalbibliothek: Die Deutsche Nationalbibliothek verzeichnet diese Publikation in der Deutschen Nationalbibliografie; detaillierte bibliografische Daten sind im Internet über http://dnb.d-nb.de abrufbar.

Für ihn, den ich liebe …

… und für alle,
die sich vielleicht
in diesen Texten wiederfinden …

Sprünge im Glas des Lebens ...

Leben – wünschen wir uns nicht alle ein heiles Dasein? Eine Alltagswirklichkeit ohne Sprünge, Zerstörung, geborstene Stellen?

Und doch lassen wir uns so leicht blenden vom trügerischen Schein eines uns vorgegaukelten Schlaraffenlandes, gehen leeren Versprechungen auf den Leim und erleiden Schiffbruch beim Versuch, uns ein tönernes Glück zu erkaufen. – Vieles scheint brüchig geworden zu sein oder ist bereits in Scherben zersprungen: unsere Beziehungen untereinander, zu uns selbst, zu unserer Umwelt; der Umgang mit der Wahrheit, mit Verantwortung, mit jenen, die Opfer unseres oft engen und kurzsichtigen kapitalistischen Denkens und Handelns geworden sind. ...

Von diesen „Sprüngen im Glas des Lebens" sprechen die folgenden Texte – verdichtet, wie unter einem Brennglas. Aber sie möchten auch bewusst den Blick richten auf das Positive, was Mut macht, und auf jene, die mit viel Engagement versuchen, Sprünge und Risse zu kitten oder gar nicht erst entstehen zu lassen! Seien wir kreativ im Erfinden von heilenden Möglichkeiten!

In diesem Sinne herzlichst

Rosmarie Rautenberg

„Lass dich
von listigen Raben,
von klebriger Spinnenhand
und der Feder im Strauch
nicht betrügen, …

… iss und trink auch nicht
im Schlaraffenland,
es schäumt Schein
in den Pfannen und Krügen."[1]

Ingeborg Bachmann
(in: Anrufung des Großen Bären)

Es gibt für den Menschen von heute eine Art Einsamkeit, die sicher das Härteste ist, was die Zeit über uns verhängen kann."[2]

Albert Camus
(in: Ziel eines Lebens)

Die Zahl der Facebook-Freunde ist hoch, das „Du" geht uns leicht über die Lippen, Küsschen sind unkompliziertes Begrüßungsritual geworden, ... – aber fühlen wir uns dadurch wirklich geliebt? Steht dies alles nicht in krassem Widerspruch zur Tatsache, dass so viele Menschen an Depressionen leiden, an ihrem Leben zu verzweifeln drohen, fragwürdige Hilfe suchen in Alkohol, Medikamenten, Drogen, in ständiger Ablenkung? Täuscht es uns nicht darüber hinweg, dass wir letztlich leiden am Alleinsein, am Alleingelassen-Sein – hineingeworfen in eine Existenz, welche mehr Fragen aufzuwerfen scheint als tragende Antworten bereithält?

Die Nestwärme ist ausgekühlt

Sie haben das Lächeln weggewischt
von der Wandtafel des Lebens,
die zwitschernden Freudenvögel eingesperrt
im Verlies unbedachten Urteils.

Die bunten Luftballone früher Träume
sind zerplatzt,
einer nach dem andern –
selten hat man einen fliegen sehn.
In Fetzen liegen sie im Straßenstaub
des vergrauenden Alltags.

Das lähmende Gift des Nicht-Verstehens
kreist in den Adern,
deren lebendiges Durchströmtsein
einst Erfüllung verhieß.

Auch ohne gewollte Bosheit
ist das Leben übel geworden
unter den Winden
von Missachtung und Rechthaberei,
und die Pole der ungleichen Lebenswelten
driften auseinander bis zur Unüberbrückbarkeit.

Die Nestwärme ist ausgekühlt
in dem zugigen Klima,
in welchem ein Ton herrscht,
der alle Hoffnungen gefrieren lässt.

Mit dennoch ausgestreckten Händen
nach dem Glück ohne Namen,
strauchelnd in den Fallstricken der Sicherheit,
trauern die Getäuschten um ihre Sehnsucht,
welche flieht
in die Unermesslichkeit
der Traumwelten.

Gefangen in den Abgründen
unbeantwortbarer Fragen,
schmecken die Tränen bitter,
auch die nie geweinten,
und alle Flügel sind gelähmt
und die Himmel
so grausam fern …

Schwimmer im Meer der Zeit

In den Zwischenwelten des Undurchdringlichen
und über den Abgründen des Bodenlosen,
die uns schrecken,
wenn die seltenen Blitze der Erkenntnis
den Dämmer erhellen,
paddeln wir schlingernd an den Grenzen des Lebens.

Mal fröhlich planschend
im Wellengekräusel blauender Sommerbrise,
mal prustend nach Atem ringend
in den Sturmfluten von Not und Niedertracht,
vergessen wir leicht,
dass das „Hier" ein schillerndes Gut ist.

Tief sind die Wasser
unserer unbekannten Seelen,
der eigenen, wie der fremden,
archaisch gefurcht von den Mustern
uralten vergessenen Strandguts,
das unser Tageswissen nicht zu heben vermag.

Schwimmer im Meer der Zeit,
halten wir uns an die tanzenden Bojen,
bemüht,
unsere sorgfältig gestylten Gedankenfrisuren
trocken zu halten,
selbst dann, wenn uns jede Richtung fehlt.

Beraubt der Schwimmwesten der Kindheit,
gestatten wir uns nicht,
geheimen Ängsten ins Auge zu blicken,
noch nach Rettung zu rufen in Seenot.

Der ertrinkende Nebenmann gehört zum Geschäft.
Die eiligen Fluten
lassen schnell ihn verschwinden,
so dass der Smalltalk kaum abbricht
und höchstens ein Gruseln die Oberfläche berührt.

Weniger geerdet als die tanzende Lotosblume
strampeln wir geschäftig von da nach dort,
umspült vom Giftmüll der Habens-Zeit,
und was bleibt –
ist das Nichts …

Namenlos

Als Namenloser unter Namenlosen
hast du überquert
den Wasserfluch vor den Toren der Reichen.

Auf einer Nussschale des Grauens
hast du verlassen
dein vertrautes Lebensfeld
des Elends.

Im Rücken
den Wind der Verzweiflung,
der dich vorantrieb
in flüchtig versprochene Verheißung,
deren Wirklichkeitswert du nicht kanntest,
hattest du nur im Blick
das verschwommene Nichts,
das sich ahnen ließ
am Saum der Gezeiten.

Auf dem Meer der Bitternis,
ausgeliefert
an den qualvollen Durst
nach friedvollem Sein,
wurde es schwer,
den Glauben nicht zu verlieren
an die Würde deines Menschseins.

Der Motor der Hoffnung fiel aus
in den tobenden Wogen des Zweifels,
und die Kraft des Entsetzens
wurde zum Steuermann
gegen Mutlosigkeit und Furcht.

Die Küste erahnend,
wähntest du dich in baldiger Sicherheit,
vermeintest zu hören
den Willkommensgruß
der Menschlichkeit
vom nahenden Ufer.

Doch brüsk ist die Sehnsucht gestrandet
am schroffen Riff der Verachtung,
und Unerwünschtheit
schlug dir entgegen,
wo Barmherzigkeit du erhofftest.

Registriert
als Namenloser unter Namenlosen,
widerwillig an Land gezerrt
und behandelt wie wertloses Strandgut,
bleibst du ausgesperrt
vor den Toren der Reichen,
verbannt auf die Nussschale des Grauens,

in unvertrautes Lebensfeld des Elends ...

Unruhe

Unruhig durchwanderst du
das Land deiner Träume,
von Zielen verlockt,
die deinen Hunger nicht stillen,
von Bildern genarrt,
die sich erweisen als Fata Morgana.

Die Winde der Sehnsucht
treiben dich an
zu immer schnellerem Schritt,
so dass taumelnd du stolperst
über die Bordsteinkanten des Lebens.

Suchend streckst du deine Hand aus nach Halt,
greifst nach den künstlichen Geländern
blinder Ideen
und findest dich wieder
in den Gefilden leeren Scheins.

Das Gehaspel auf dem Stickrahmen
immer gleichen Gewusels
zermürbt deinen Geist,
lässt die bunten Fantasiekräfte erlahmen,
den Blick der Sehnsucht
sich tunnelförmig verengen,
so dass die Horizonte schrumpfen,
immer mehr.

Die Welt wird zum Kokon,
der dich einschnürt,
dein Tagwerk reduziert
zum gefräßigen Hamstern –
dickbäuchigen Raupen gleich,
welche nichts ahnen
von den beglückenden Höhenflügen
möglicher Schmetterlingswelten.

Immer kürzer wird der Atem der Freude,
verseucht von den Giften
des beißenden Ascheregens
verbrannter Hoffnung.

Die Wände des Talkessels wachsen,
und sonnenärmer
werden die Tage des Suchens.

Auf versauertem Erdreich
tastest du nach Früchten,
die hervorgingen aus Samen,
die du nicht gesät,
aus Keimlingen,
die du nicht gepflanzt hast.

Und deine Unruhe wächst,
bis selbst die heiligsten Visionen
verkommen zum leeren Traum …

Zwischen nirgends und hier

Immer unterwegs
zwischen nirgends und hier,
nie da, wo du eigentlich bist.

Haschend nach Traum und Idee,
stehst du da
vor dem Schutt deiner Wünsche,
bestreut mit den Scherben der Hoffnung,
die einst dich beseelte.

Und Ekel kommt hoch
vor dem Leben,
Erbarmen mit den Leibern der Lust,
die sich schmücken,
als wären sie tot,
und ihr Leben nicht spüren.

Immer unterwegs
zwischen nirgends und hier,
hältst du inne vielleicht,
schaust zurück –
und erkennst keine Spur.

Und entsetzt fragst du dich
wo du warst,
wo du warst,
als du wähntest,
du seist.

Doch nur kurz hellt der Zweifel die Nacht,
und erneut tauchst du weg
in den Sumpf,
in das Dickicht von Wunsch und Idee –

bis vielleicht eines Tages
der Schrecken dich packt,
weil dein bleischwerer Fuß
nie das Erdreich berührt
und das Unten und Oben entgleiten.

Und entsetzt fragst du dich
wo du bist,
wo du bist
zwischen nirgends und hier.

Doch ein Strudel bemächtigt sich deiner,
spült hinweg deine Frage nach Sein,
und du irrst
durch die Ödnis des Nichts,
niemals da,
wo du eigentlich bist –

zwischen nirgends und hier
und nirgends und hier
und nirgends und hier ...

Taumelreigen

Im Hamsterrad der innern Ruhelosigkeit,
gefangen in Gedanken,
die wie Feuerkreise flirren und sich drehn,
hast du die eigne innere Mitte
längst verloren,
bist wie das Laub geworden,
das den Taumelreigen tanzt
im Sturm der Zeit.

Es macht dich atemlos,
das wirre Auf und Ab,
das Hin und Her.

Du suchst verzweifelt Halt
und weißt nicht wo.
Du greifst nach diesem Strohhalm,
jenem Ziel,
doch alles, was du anfasst,
bricht in deiner Hand
wie sprödes Glas.

Du denkst die Weisheit großer Denker nach
und redest tapfer
von den kleinen Fluchten deiner Alltagswelt,
doch du spürst schnell,
das Wissen Fremder ist geborgt
und trägt dich nicht.

Es gleicht
dem schlecht genähten Faschingskleid
am Narrenball,
das dürftig nur
die Blöße deiner Zweifel deckt
und dich dir selbst
erbarmungslos
zur ungelösten Frage macht.

So schlitterst du durch deinen Tag
auf dünnem Eis,
auf sprödem Glas,
erlebst Gefährdung und Zerbrechlichkeit,
bist wie das Laub,
das hin und her
den Taumelreigen tanzt
im wirren Auf und Ab,
im Sturm der Zeit …

Ohnmacht

Was ist Ferne, was Nähe zwischen Wesen,
die sich Menschen nennen?
Die sich begreifen
als groß im Denken und Fühlen,
die sich verstehen
als Herrscher des Seins.

Kaum gibt Nähe Geborgenheit,
wird sie als Schwäche zertreten, zerstört.
Herr sein lässt Nähe nicht zu.

Doch dann,
geworfen in die Einsamkeit des Ich,
steigt Sehnsucht auf
aus verschollenen Seelentiefen,
und Schmerz zerfurcht den Acker des Lebens,
der gepflügt wurde in Hoffnung und Freude.

Nähe schafft schmerzliche Enge,
die toben lässt
gegen Gitterstäbe und Zwang.
Ferne entlässt in eisige Leere,
die den Einsamen verzweifeln lässt
am Saum der Zeit.

Das Du, ein Anker im Fluten der Wellen?
Ein Mühlstein
am Bein der Wünsche des Ich?

Das Wir,
ein Trugbild der Hoffnung
im Meer der Illusionen,
nur ewige Fata Morgana
im Leben der Träumer?

So schwanken die Wesen
zwischen Hassen und Not,
zwischen Trauer und Traum
und leiden den Schmerz des Vereinzeltseins
vor den Toren des Glücks.

Wehmut erreicht viele Ufer.
Sie stört unser Gieren
nach Mehr.

Und leise umhüllt sie
die Scheinwelt
mit dem zerknitterten Mantel der Ohnmacht ...

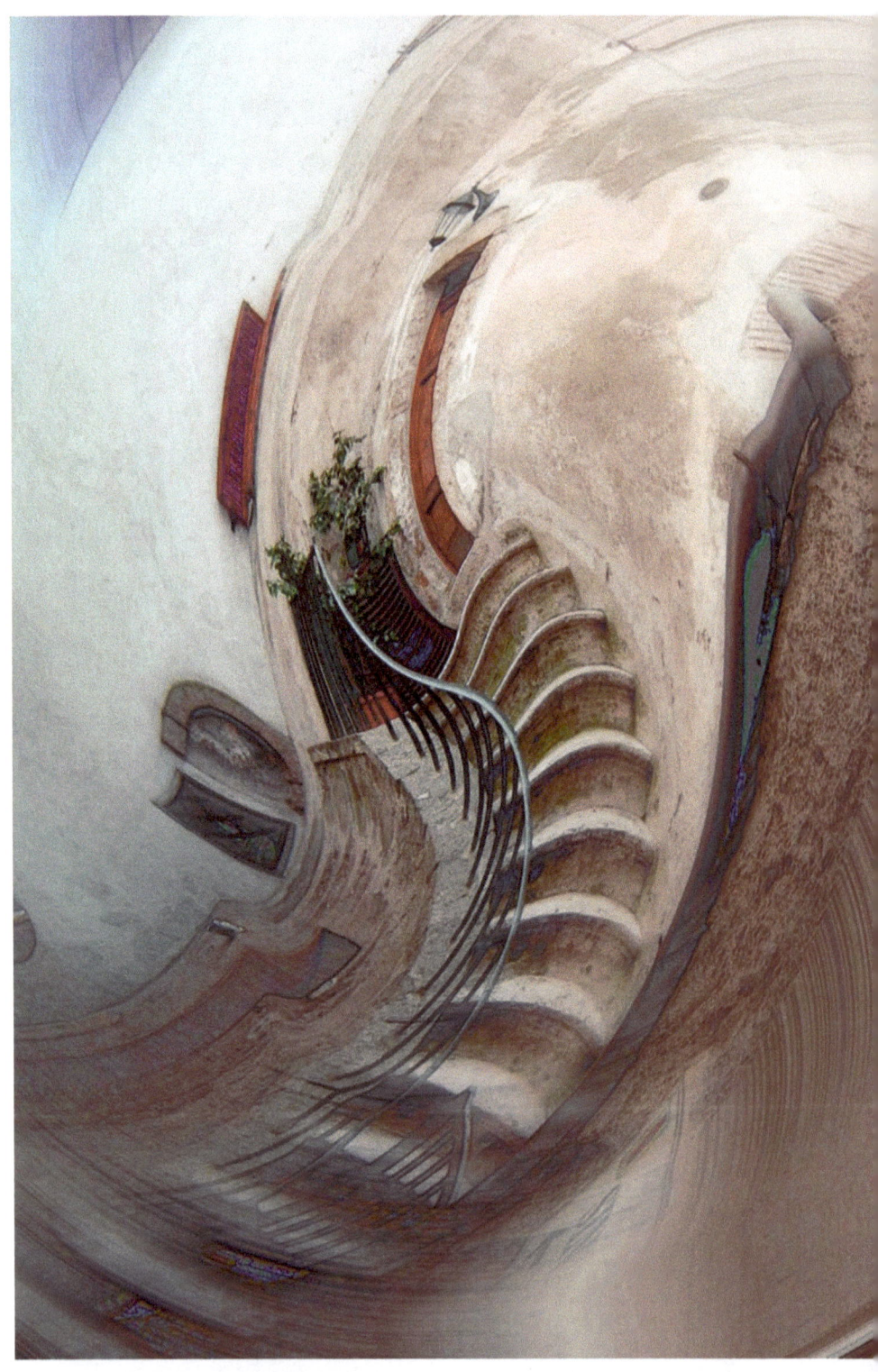

„Einmal werd' ich die Wahrheit sagen – das meint man, aber die Lüge ist ein Egel, sie hat die Wahrheit ausgesaugt."[3]

Max Frisch
(in: Andorra)

Was ist Wahrheit? Tragen wir nicht zumindest eine Ahnung davon in uns, haben ein Gespür für das Echte, Unverfälschte und Nicht-Betrügerische? Und doch lassen wir uns so leicht blenden von verlogenen Scheinwelten, reinlegen von leeren, unhaltbaren Versprechungen, manipulieren von dem, was bequemer scheint, sodass unser Blick sich zunehmend verzerrt, wir zu Taumelnden werden auf wackligen Stufen und uns schleichend gewöhnen an die schiefe, verzerrende Optik des Silberblicks der Lüge. Hat Wahrhaftigkeit ausgedient?

Silberblick der Lüge

Der Silberblick der Lüge
ist zum Lehrmeister
der Wahrheit geworden.
Seine verzerrende Sicht
verfremdet die Wege
zum Da-Sein
und führt in die Irre
den Sinn-Suchenden.

In der willkürlichen Verkrümmung
der Wirklichkeit
werden gestaucht
die Möglichkeiten der Geradlinigkeit,
und Blendwerk
bläht seinen Bauch
im Zerrspiegel
verzogener Sichtweisen.

Das Wertvolle
gerät in die Schaufenster
des Schlussverkaufs,
wird verhökert
zum Dumpingpreis,
und die schiefe Optik
setzt den Rotstift an,
dort,
wo das Leben wohnt.

Hinauskatapultiert
aus den Bahnen
verborgener Fülle,
verschwinden Geheimnis und Staunen,
gehen leise verloren
aus dem Silberblickfeld
der Getäuschten.

Stolz folgen wir
den irrlichternden Wegmarken
verfänglicher Daseinsferne,
igeln uns ein
in verlogene Traumwelten,
knicken den Blick auf die Welt
und machen
den Silberblick der Lüge
zum Lehrmeister der Wahrheit ...

Pfade der Wahrheitssuche

Längst haben unsere Gedanken
die verschlungenen Pfade
der Wahrheitssuche verlassen.

Gewichen sind
die behutsam forschenden Denkwege
hässlichen Datenautobahnen –
hin zum schnellstmöglichen Gewinn.

Gebaut auf den Rücken der Gebeugten,
führen sie nicht vom Ich zum Du,
stattdessen stetig im Kreise
um die Sinnlosigkeiten des Daseins.

Die Ampeln der Rücksichtnahme
sind außer Betrieb,
die Wegschilder der Humanität entfernt.

Doch trotz der vermeintlich direktesten Verbindung
zwischen Unzufriedenheit
und Bedürfnisbefriedigung
herrscht Ziellosigkeit
in den Köpfen der Getriebenen.

Selbst nachts kehrt nicht Ruhe ein,
denn der Lärm der rasenden Gedanken
mit ihren nervös zuckenden Tentakeln
legt sich über alle Sinne.

An den Wendekreisen
zu neuen Möglichkeiten
herrscht Stau,
weil kaum einer den Ausbruch wagt;
und das Gehupe der Ungeduld
verhindert Muße und Schlaf –
selbst jener,
die trotz allem sich mühen
auf den leisen und geheimen Pfaden
der Wahrheitsfindung …

Überwuchert

Überwuchert
von den wirr sich rankenden Gedanken
der Nicht-Zeit,
ertasten sich
die Blüten deiner inneren Wahrheit
einen Weg ans Licht.

Verwehrt hast du ihnen den Zugang
zur Freiheit,
ihre tanzende Freude beschnitten,
gedrosselt ihre Höhenflüge
auf Normalmaß.

So sind sie geflohen
in die Traumwelten des Unzugänglichen
und tropfen leise, doch stetig,
wie bitterer Wermut
in die Suppe
nicht hinterfragter Gewohnheit.

Das Unbehagen, das dich umtreibt,
ist namenlos.
Du kennst nicht den Ursprung
deiner leise vibrierenden Sehnsucht,
münzt sie um
in greifbare Währung,
die den Hunger nicht stillt.

Die Wogen
auf dem See des Verdrängens
gehen hoch.
Nah ans Kentern
bringen sie
dein mühsam auf Kurs gehaltenes
Alltagsboot.

Doch du trotzt
dem Ansturm deiner Seelenbrise,
reißt herum das Ruder
und richtest den Kompass
nach dem Wind des „Man".

So gehst du verloren
in den Massen der Gleichen,
und niemand,
der leise dich fragt,
wer du bist
In der Unwirklichkeit des Daseins.

Du tust, was man tut,
du kaufst, was man kauft,
und die Freude ist flüchtig und schal –

überwuchert
vom Gestrüpp
deiner Nicht-Zeit …

Rutengänger der Wahrheit

Sie haben den Fort-Schritt mitgemacht,
die Erfinder der Tarnkappen.

Immer geschickter
kaschieren sich
die Erfüllungsgehilfen des Untergangs
mit dem Lächeln der Unschuld
und kreieren fantasievoll
inhaltslose Worte
geheuchelter Anteilnahme,
welche gefrieren lassen
die Herzen der Schwachen.

Das Gebälk Jahrtausende alter Kulturen
ächzt unter den Angriffen
der Beliebigkeit,
während die Werte
gewachsener Menschlichkeit
immer schneller entschwinden
in den Schlünden der Großmäuler,
auf der Bühne
des inszenierten Snobtheaters.

Schwer geht der Atem des Lebendigen,
der Sauerstoff des Miteinanders
wird knapp,
und die Zeit der Rettung drängt.

Wo sind sie,
die Rutengänger der Wahrheit,
die listig und unbeirrt
unterwandern die Machenschaften
der Lebenszerstörer,
Schleichwege suchend
hinter die Kulissen
umgarnen-wollender Lüge?

In den geheimen Winkeln
des Lebendigen,
am Urgrund des Werdens,
streiten sie für Recht und Gerechtigkeit,
erobern sie Wege
durch den Dschungel der Blendung
und erwärmen
die Herzen der Geknechteten
mit ihrem Kampf für das Leben,

mit ihrer Suche nach Wahrheit,
mit ihrer Suche nach Sein ...

Angeknabbert

Angeknabbert
wurden die hoch gewachsenen Bäume
der Wahrheit
vom Wildfraß verlogener Gier,
kahl gefressen die Wiesen,
auf denen Ehrlichkeit wuchs.

Die verschlungenen Suchpfade
nach dem, was ist,
sind überwuchert vom Dickicht der Plattitüden
und überlagert
vom nie endenden Marktplatzgeschrei.

Im Fadenkreuz
künstlich gezogener
schnurgerader Koordinaten umherirrend,
tastest du dich
mühsam
von Knotenpunkt zu Knotenpunkt.

In den suchend blickenden Augen
spiegelt sich die enge Welt der Besitztümer,
deren glitzernde Konsumstraßen
immer im Kreis
vom Haben zum Gieren führen,
hinein in das endlose Ödland
der Unzufriedenheit.

Schwarz und prall
wachsen die scheinsüßen Beeren der Missgunst
an abschüssigen Rändern
und träufeln ihr schleichendes Gift
gut getarnt
selbst ins Bewusstsein jener,
die sich mühen.

Die wache Offenheit
staunenden Hinschauens
lebt nur noch
in Traumwelten verblassender Sehnsucht,
im Niemandsland verlorener Herzenswege.

Auf der Suche
nach den verschlungenen Pfaden zur Wahrheit,
nach den geheimen Wegen,
zu dem, was ist,
wirst du hin- und hergeworfen
am Strand eines Lebens,
in dessen Ebbe und Flut der Zeit
du hilflos taumelst …

Spiegelkabinett der Kaspergestalten

Im Spiegelkabinett
hochgeschaukelter Begierden
drehen sich die Kaspergestalten
hechelnd um ihre eigene Achse.

Meister sind sie geworden
im Haschen nach den Trugbildern
vorgegaukelter Vielfalt.

Umgeben von einem Heer
einheitlicher Abklatschfiguren,
durchschreiten sie
mit zahlungsbereiter Hand
das immer gleiche Drehkreuz
in aufgeregter Erwartung.

Der flirrende Karussellreigen
ewiger eindimensionaler Wiederholung
ermüdet den nach Lebensfülle dürstenden Geist
und lässt verkümmern
die einst bewegungsfrohen Glieder.

Mit aufreizender Gleichförmigkeit
prallen die Bilder auf die getrübten Seelenfenster,
hinter denen das zu Lebensfreude geborene Kind
langsam verkümmert und stirbt.

Selbst die Sprache wird schal
und klingt hohl
im echohaften Nachbeten
des wieder und wieder Zurückgeworfenen.

Der Einheitslook
kreiert eine Scheinwelt des Wir,
deren spiegelnde Oberfläche
keinen Einlass gewährt
in ehemals lebendige,
nun verlorengehende Innenwelten.

Coolness versprechen sie,
diese Regionen aus Kunstglas –
peinlich gesäubert
von jeglichem kritischen Einwand,
sodass Lüge und Wahrheit
ihre Rollen tauschen können,
schnell und problemlos.

Die geladenen Gäste
sind stolz auf den Eintritt,
und mit Verachtung
denken sie an das Draußenvolk,
dessen erdhafte Lebenserscheinung
es nicht wert ist, gespiegelt zu werden …

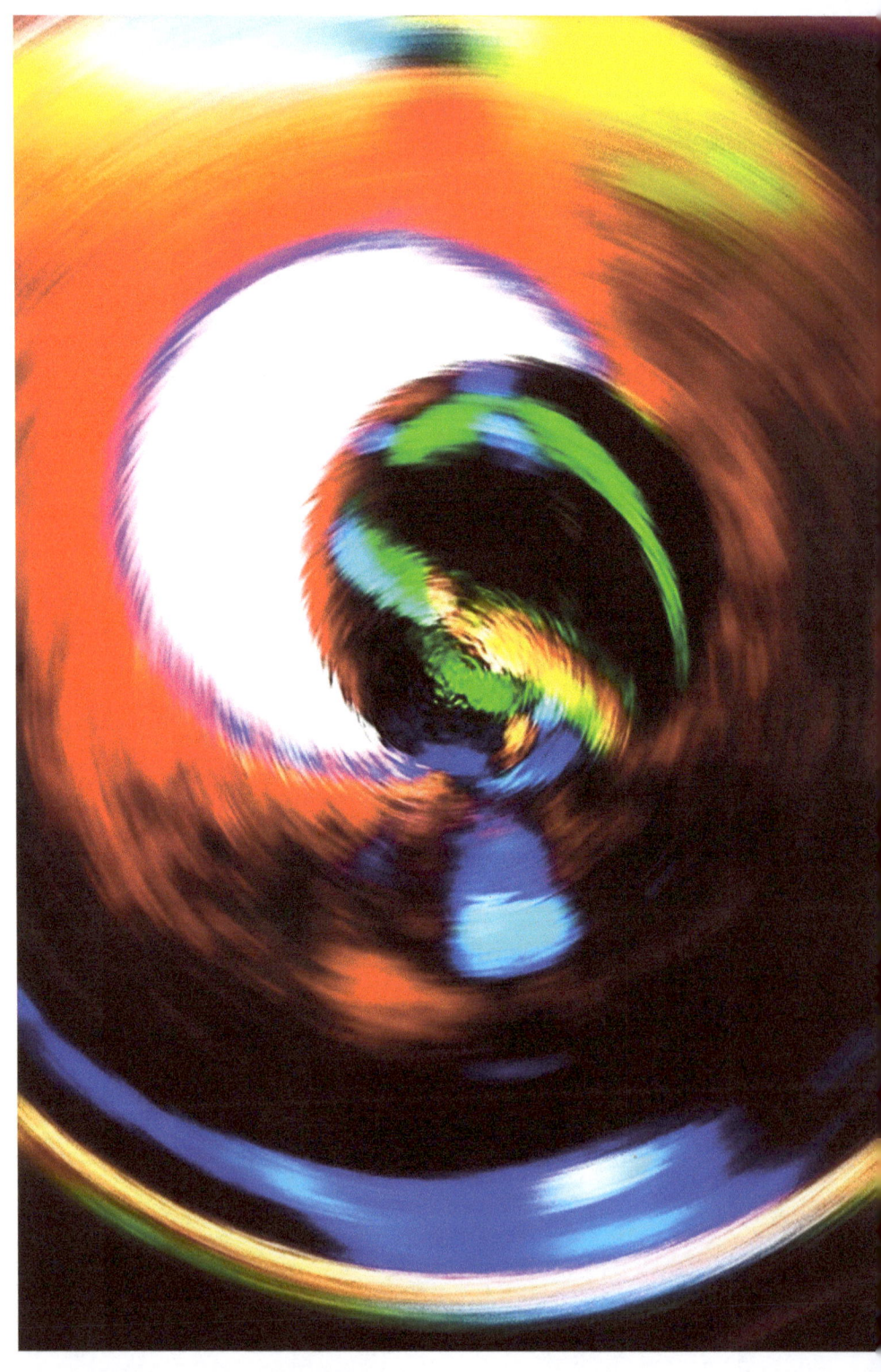

„So groß ist dieser Planet nicht, dass der Mensch ihn nicht kaputtkriegen könnte mit seiner Profitgier."[4]

Sigmund Jähn
(Spiegel-Interview)

Täglich erreichen uns die Katastrophenmeldungen aus aller Welt über die Zerstörung unseres Lebensraumes. Erde, Luft, Wasser sind verschmutzt, viele Böden ausgelaugt, ganze Landstriche nach rücksichtsloser Ausbeutung verödet, Leben geknechtet, missbraucht, verletzt, geschändet, zum Aussterben verurteilt …

Sigmund Jähn, der erste Deutsche im Weltall, meinte einst, nachdem er unseren wunderbaren „blauen Planeten" von außen gesehen hatte, so groß sei dieser nicht, dass der Mensch in seiner Profitgier ihn nicht kaputtkriegen könnte. – Ruinieren wir deshalb die Welt so sehr und begegnen dem Lebendigen oft mit solcher Ignoranz und Überheblichkeit, weil uns dieser Blick von „außen" fehlt? Oder ist uns vielleicht auch die Sicht von „innen" verstellt, da uns das tiefe Gefühl der Verbundenheit mit allem und allen anderen verlorenging oder sich gar nicht erst in uns entwickeln konnte?

Verlorene Unschuld

In den Gräben
trotziger egomanischer Unvernunft
haben wir uns versammelt
in großer Zahl.

Wir spinnen
unsere Träume der Hybris,
als ob Lebendiges unverletzlich
und das Dasein unendlich sei.

Unsere Türme des Größenwahns
wachsen hinaus
in die Sphären
unentschlüsselbarer Geheimniswelt
und werfen ihre Schlagschatten
über die tristen Täler
der Uneinsichtigkeit.

Entzaubert und zerrissen
sind die feinen Schleier,
die das Sein umhüllen,
vergessen ist der Urgrund,
aus dem Leben wächst,
verloren
die kindliche Unschuld,
die fröhlich
nach den Bällen des Lebens hascht.

Verbannt sind die Wunder,
die Staunen gebären,
aus den Gräben
egomanischer Unvernunft,
verächtlich abgeschoben
in die Sphären
unentschlüsselbarer Geheimniswelt,
mit Hohngelächter überlassen
der Lebenssehnsucht
vermeintlicher Träumer ...

Läuse im Pelz der Erde

Breit haben sie sich gemacht,
die Läuse,
im Pelz der Erde,
jede ein kleiner Herrgott,
kassierend die Gaben des Lebendigen
den geizigen Zinsvögten gleich
aus vergangener Zeit.

Gierig schürfend graben sie
nach den Wurzeln der Geheimnisse,
doch ohne die kindliche Begeisterung
über die Vielfalt im Weltengarten
und jenseits der staunenden Achtung
weiser Schamanen.

Pflücken um des Habens willen,
verschleudern, zertreten, vernichten –
aus Verzweiflung
über die verhungernde Seele.

Eine Spur der Verwüstung ziehend
im geschundenen Erdreich,
scharren sie das Lebendige entzwei,
zerstören die äonenalten Patriarchen
geduldig gewachsenen Seins –
Kälte und Hitze gleichermaßen verströmend
aus der Dysbalance ihrer Gefühle.

Der Zaubergarten stirbt,
leise und unwiederbringlich,
unter dem dreisten Zugriff
dieser sich so breit machenden
Läuse im Pelz der Erde –

in der Tat: „lausige" Zeiten ...

Brechende Augen

Spät kam die Sonne
an diesem Morgen.

Langfingrig und schwer
liegen die Schatten der Dunkelheit
über den Tälern,
und der Wille ist machtlos,
sie zu vertreiben.

Wale sind gestrandet
vergangene Nacht.

In die Irre geleitet
von unserem gigantischen Unterwasserlärm,
vergiftet durch unseren Plastikmüll,
quälen sie sich nun
in den engen Buchten des Verderbens,
sie, die großartigen Boten
einer Freiheit
jenseits unserer Möglichkeiten.

Ihre brechenden Augen
spiegeln eine Himmelsbläue,
die nicht zu ihrer angestammten Welt gehört,
und der zuckende,
schmählich geschundene Leib
stößt an die Grenzen
unserer menschlichen Jetzt-Zeit.

Leben ist gefährlich geworden.
Vernichtet werden die Wesen
aus den Urtagen des Seins,
geopfert den Haben-Göttern,
dem grenzenlosen
In-Besitznehmen-Wollen –

und machtlos der Wille,
zu vertreiben
die Schatten der Dunkelheit …

Lebenswächter

Die Lebenswächter
haben ihren Posten verlassen.

Sinnlos ist ihre Aufgabe geworden,
denn zerstört wurde,
was als schützenswert galt
in Zeiten achtsamen Miteinanders.

Das Lebendige wurde zum Unwert erklärt
und verhökert.

Nicht verschachert
für dreißig Silberlinge,
sondern meistbietend verkauft
von den Skrupellosen
an die Skrupellosen
für unvorstellbare Summen
in der Währung des Todes –

und welcher Hahn kräht danach?

Ahnungslos folgen die Herden
den Trampelspuren des Kapitals,
lassen sich anturnen
von der Sucht nach dem nächsten Kick,
tauchen ein in die bizarre Schattenwelt
der Verblendung.

In Verteidigungsstellung
stehen die heutigen „Gralshüter" davor,
vertreiben brutal
den darbenden Schlucker
auf seiner Suche
nach Teilhabe und Brot.

Die glitzernde Welt der Verführung
ist laut.
Längst hat sie mit röhrender Plumpheit
die Stille gefressen,
und ihr stinkender Atemhauch
verpestet den Lebensfluss der Wehrlosen,

deren beschützende Lebenswächter
ihren Posten verließen –

für immer? ...

Wir brauchen eine neue Erde

Wir brauchen demnächst eine neue Erde,
sagen sie.
Bald, sogar sehr bald.

Unsere taugt nichts mehr,
so verdreckt, wie sie ist.
Immer störrischer widersetzt sie sich
unserem Bemühen,
sie uns untertan zu machen.

Ärgern will sie uns
mit ihren Wetterkapriolen,
ihrer zunehmenden Unberechenbarkeit,
ihren gegen uns gerichteten Katastrophen.

Man müsste sie wegschmeißen können,
wie alles andere auch.
Sie hat sich überlebt,
ihre Zeit ist abgelaufen –
und sie wird uns zur ständigen Gefahr,
sagen sie.

Wer sind wir denn,
dass wir uns dies gefallen lassen müssten,
womöglich gar ohne Murren
oder in Dankbarkeit dafür,
dass es uns überhaupt noch gibt.

Schlimme Zeiten, wenn unklar wird,
wer Herr ist und wer Knecht
in diesem Geschäft.
Wo sind wir denn!

Ja, es wird Zeit.
Wir brauchen wirklich eine neue –

eine neue Menschlichkeit,
bald,
sogar sehr bald …

„Das Staunen ist der Anfang der Erkenntnis."[5]

Platon

Staunen – fast ist dies uns heutigen Menschen zum Fremdwort geworden. Vielleicht, weil Staunen Zeit braucht, Zeit, von der wir doch so oft glauben, dass wir sie nicht mehr „haben", in einer Welt, deren Abläufe sich in einem kaum noch zu überbietenden und uns oft atemlos zurücklassenden Tempo vollziehen ...

Staunen setzt Muße voraus, Innehalten, sich Ausklinken aus dem so sehr zur Gewohnheit gewordenen und so zweifelhaften Multitasking. Es ergibt sich nur im Hinschauen, Hinhören, Sich-selbst-Zurücknehmen, im Still-Werden und Sich-Einlassen auf andere und anderes, im absichtslosen Da-Sein.

Wo aber ist Raum für solche Begegnungen? Und wenn sie nicht stattfinden, was wissen und kennen wir dann letztlich noch von der uns umgebenden „Wirklichkeit"? Worin besteht also unsere Erkenntnis? Kommt sie uns gar mit dem Staunen zusammen abhanden?

Nachtblume

Die Nachtblume
ist aufgeblüht
am Hag deines Lebens.

Ihr betörender Duft
hat dich aufgeweckt
aus dem Schlaf
der Verlorenheit,
sodass du blinzelst
in das Morgenlicht
sich erfüllender Träume.

Fern geworden
war dir alles Lebendige,
entschwunden
hinter dem Stacheldraht
kleinlicher Querelen,
und Ohnmacht und Trauer
lähmten
die Kraft deiner Sinne.

Du hörtest nicht mehr,
das Windgeflüster
in den Sommerbäumen,
noch spürtest du
das Spiel der Sonnenkringel
auf deiner Haut.

Doch leise erwacht
neue Sehnsucht,
dehnt aus deine Glieder
in die Weiten der Zeit,
lässt Ahnung erblühen

am Hag des Seins ...

Boten der Unendlichkeit

Geheimnisvoll leuchtend und fern
stehn sie über dir,
die flirrenden Boten
der Unendlichkeit.

In erhabenen Räumen des Schweigens
ziehen sie ihre Bahn,
Gesetzen gehorchend,
die kein Menschenhirn ersann.

Ihre Strahlkraft
in den Winternächten
mit eisigem Atemhauch
lässt dich erschauern,
ihr Funkeln
über der lebendigen Sommererde
im warmen Dunkel
der Sonnenwendzeit
macht dich froh staunend
und jauchzend still.

Der Blick hinauf
in die Weiten jenseits der Zeit,
er befreit und beflügelt
den ruhelosen Geist,
und du findest leise Takt
im Herzschlag der Stille.

Groß wird dein Fragen
und klein der Versuch einer Antwort,
doch es beunruhigt dich nicht,
denn eine Ahnung von Ganzheit
ergreift dich,
die verzaubert.

Im Reigen der Welten,
die nicht oben und unten kennen,
wirst du zum wiegenden Tänzer
im Mit-Sein.

Aufgehoben im All-Eins-Sein der Weite,
fühlst du nicht mehr
die verstörende Einsamkeit
der menschlichen Verlorenheit,
und leise verschwimmen
die Kümmernisse deiner Alltagsgeschäfte.

Enthoben
dem menschengemachten Lärmgewusel,
schaust du empor
mit den Augen aller Sinne
und trinkst dich satt ...

Reife Zeit

Herbstsonne
über geerntetem Tal,
Tageswärme, die tröstet und wohltut,
wenn die kälter werdenden Nächte
zunehmende Länge atmen.

Die Fülle früherer Tage
ist Traum geworden
in den Herzen der Erntehelfer,
und der Reichtum Gestalt gewordener Saat
befruchtet ihre Gedanken.

Die stilleren Gefühle reifer Zeit
umfangen sie mit ihrer Wehmut,
und Sehnsucht
sucht nach neuen Zielen,
die näher und ferner liegen zugleich.

Mit wachen Seelenaugen
dem Licht begegnend,
die Hände geöffnet
im geheimnisvollen Austausch
der Lebensfrüchte
mit anderen Wesen der Zeit,
sind sie unterwegs
auf verschlungenen Wegen
zum offenen Horizont.

Ihre Flügel sind weit und stark
und tragen sie leicht und sicher hinauf
in die verblauenden Sphären
blasser werdender Herbstsonne,
die leuchten lässt das abgeerntete Tal,
dessen späteste Früchte reifen –

jetzt ...

Glück des Gewahrseins

Mit jauchzender Seele
sich in den Aufwind der Stille fallenlassen
und Raben gleich
ziehen
mit dem lauen Wind der Bergesbläue.

Seltener und leicht
werden die sorgenschweren Gedanken,
und die Glieder
spüren Grund und Tiefe,
die sonst der Alltag verschluckt.

Im hellen Licht des Staunens
wachsen höher die Schneefirne,
und die Angst vor dem Leisen
schwindet allmählich
im Glück des Gewahrseins.

Weit öffnen sich
die Horizonte des Lebens,
und Klein und Groß
werden eins,
wenn die Seele
sich jauchzend fallen lässt

in den Aufwind des Seins …

Blüte des Miteinanders

Die Blüte des Miteinanders
ist emporgewachsen.
Leise hat sie ihre Schönheit entfaltet.

Nicht beirrt
von Unkraut und Maschendraht
gedeiht sie
und schimmert im Licht
des Füreinander-Daseins.

In allen Jahreszeiten
des Lebens
den Stürmen trotzend,
entfaltet sie ihr Leben,

leise, beharrlich …

Melodie des Aufbruchs

Die leise Melodie des Aufbruchs
hat sachte deine innersten Saiten angerührt,
zum Klingen gebracht, was verstummt war.

Aufgeweckt vom flüsternden Windhauch,
zum Schwingen gebracht
vom immer mutigeren Spiel,
haben sie sich eingeklinkt,
die zur Hoffnung erwachten Seelen,
in das große Weltorchester des Lebendigen

und stimmen ein
in das melancholische Traumlied
von Heimatsehnsucht und Fernweh,
von Lebenserfüllung und Freiheit –
in Harmonien,
die nur die Jam-Session
des Seins und der Liebe kreiert.

Taumelnd in den Orchesterklängen
der Schöpfungssinfonien,
sind sie aufgebrochen
zum gemeinsamen, suchenden Gleitflug
über die Landschaften
der Innen- und Außenwelten –
staunend erblühend
im Licht wachsender Zuversicht.

Die Flügel ihrer Visionen
haben im Aufwind des Glücks
eine Spannweite erreicht,
die trägt bis zu den leuchtenden Horizonten
ungetrübten Miteinandergestaltens
und Miteinander-Vereintseins.

Selbst die in den Schützengräben
der Kleinlichkeit und Angst
verschanzten Gefühle
verlieren ihren Schrecken
unter der Sonne der Bejahung,
die ihre Umarmung verschenkt
sogar im Minenfeld der Unzulänglichkeiten.

Nun werden sie eingeschmolzen,
die Gewehrkugeln des Desaströsen,
im Feuer der gemeinsamen Begeisterung,
und ihre Schlacke
wird zur befruchtenden Asche
für das Gestaltwerden
lebensbewahrender Gedanken
und für die Weiterkomposition
jener Lebensmelodie,

die leise anrührt die innersten Saiten
der zur Hoffnung erwachten Seelen ...

Samen der Menschlichkeit

Noch sind sie zart und verletzlich,
die Blüten des Wir,
leise emporgewachsen
aus den Samen der Menschlichkeit,
von jenen Händen gepflanzt,
denen Behutsamkeit innewohnt.

Die liebevollen Blicke der Achtsamen
haben sie gehegt,
die jungen Pflänzchen
des Miteinanders,
haben Pfade geöffnet
vom Ich zum Du,
durchstoßen das Dickicht
von Gewalt und Gier.

Sorgfältig im Setzen
der Wegmarken von „ja" und „nein",
haben sie Brücken gebaut
vom Haben zum Sein
und wurden staunend gewahr,
dass Flügel wuchsen
und Wurzeln zugleich.

Noch kaum sturmerprobt,
schwanken die zarten Keime zitternd
um ihre eigene Mitte.

Doch das Vertrauen
auf eine Wahrheit wächst,
und das Staunen
ermutigt zum Flug
hinein in die Abenteuer

des Gemeinsamen ...

„Noch nie war der Abstand zwischen den Ärmsten und Reichsten so groß. Noch nie war der Tanz um das goldene Kalb (...) so entfesselt."[6]

Stéphane Hessel
(in: Empört euch)

Geblendet und gefangen vom glitzernden Reichtum die einen, außen vor die anderen – die Gegensätze zwischen den Lebenswelten scheinen unüberbrückbar, und viele gehen unter im täglichen Überlebenskampf.

Sind wir unmerklich zu einem Menschenvolk von Egoisten und Narzissten geworden, welche nur noch sich selbst kennen, nur nach dem eigenen Vorteil streben und diesen zunehmend über Macht und Konsumgüter definieren? Sind wir zu Wesen mutiert, die Ungerechtigkeiten kalt lassen, denen die Folgen ihrer rücksichtslosen Bedürfnisbefriedigung egal sind?

Bluffer-Volk

Leise und stetig
tropft der Sprühregen der Trauer
von den Bäumen des Alltags,
und knöcheltief
liegt die Asche der Unlust
in den Gassen der Zeit.

Müde gewordenes Bluffer-Volk
hält trotzdem eisern
die geborgten Symbole des Ansehens hoch –
statt eines Gesichts,
das abhandenkam
auf den Paraden des Scheins.

Ja- und Nein-Sagen
werden geübt
im banalen Niemandsland des Klatsches,
nicht da, wo das Leben wehtut,
sodass Entscheidungen beliebig werden
und Antworten nichtssagend.

Die Tränenkanäle sind verstopft,
die Pfade der Ausgelassenheit überwuchert
vom Dschungel der Nichtigkeiten,
und der kindische Übereifer der Großen
bei ihren Sandkastenspielen
führt zum Krieg.

Der Milzbrand der Unzufriedenheit
rötet die Fassaden
und lässt verbleichen das Leben
im Räderwerk der täglichen Mühsale,
in der Tretmühle
des ewigen Nicht-Seins ...

Müde

Müde und erschöpft
bist du aufgewacht heute Morgen –
einmal mehr.

Verfolgt von den Schatten deiner Tageswelt,
fandest du keine Ruhe.
Hin und her wälzte sich
dein schlafbedürftiger Körper
auf den zerwühlten Laken,
und deine Gedanken spielten verrückt.

Schwer drückte dich
die Angst vor dem Morgen
in deine Kissen –
und keine Vision eines erlösenden Auswegs.

Nun schaust du im Spiegel
in dein zerknittertes Gesicht,
erschrocken darüber,
dass die Morgendusche
nicht zu glätten vermag
die Spuren der Nacht.

Der hastig hinuntergestürzte Kaffee
suggeriert eine Munterkeit,
die kaum die Anfahrt zur Arbeit überdauern wird,
sodass dir graut
vor den langen Stunden deines Broterwerbs.

Und müde und ausgelaugt
wirst du heimkehren
heute Abend –

einmal mehr ...

Geistern durch die Zeit

Müdes Geschaukel
zwischen spitzen Ellenbogen,
bleiche Gesichter
mit starrem Blick
im täglichen Hin und Her
der Getriebenen.

Eingezwängt
zwischen den Lasten
von sinnlos Gekauftem
und den durch Handygeklingel
provozierten Scheingesprächen,
harren sie aus.

In den Mienen
steht Unmut
wegen der Langsamkeit der einen
oder murrende Abwehr
gegen die Drängelei der andern.

Das ständige nervende Rein und Raus
nach wenigen Metern Fahrt
lässt völlig verkommen
das Glück sicheren Unterwegsseins.

Die Zufallsgemeinschaft versammelter Leiber
gibt selten Raum für ein Lächeln
oder für ein leises „wie geht's?" –

und wer kann,
verschanzt sich
hinter Buchstabenfassaden
flüchtiger Infos,
die kaum dem Heute standhalten.

So geistern sie
durch die Zeit,
in der Hoffnung
ein Ziel zu erreichen –

und sei es auch nur
das fade Überbrücken
der Leere des Jetzt ...

Verheddert

Haben wir uns verfangen
in den Fallstricken unserer eigenen Gier,
uns verheddert im engmaschigen Netz
des Kapitalismus?

Verstrickt in den Klettenfäden
des Konsums,
schauen wir verschreckt
auf die flimmernden Nachrichtenbilder
zu den Bankenskandalen.

Die Aktienkurse sind unberechenbar,
und die fragwürdigen Gewinne bröckeln.

Doch dass die Werte der Menschlichkeit
verfallen bis zur Unkenntlichkeit,
führt nicht zum großen Aufschrei
auf den Marktplätzen der Schacherer.

Gekämpft wird im Verlustgeschäft
um Geld und Gut,
dessen Strahlkraft längst wich
dem stumpfen Glanz
schnöden Katzengolds,
während der Perlenschimmer
aus Mitleid geweinter Tränen
verdunstet in der Mittagsglut
angeheizter Hysterie.

Die Finger
der vermeintlichen Weltenlenker
zappeln wild über ihren Tastaturen,
geleitet von den Rating-Agenturen
aus dem Cyberspace,
während die leeren Hände der Geprellten
zucken in den letzten Regungen
eines Lebens ohne Erbarmen.

Durchgefallen sind sie
durch das Netz des Kapitalismus,
abgestürzt ins Bodenlose –

Opfer einer sich verheddernden Welt ...

Sprünge im Glas des Lebens

Die Sprünge
im Glas deines Lebens
verzerren die Bilder des Glücks
deiner Jetzt-Zeit,
und die Schlagschatten
von Kränkung und Schmerz
verhindern dein Sein.

Besetzt mit dem Zorn
des verwundeten Ichs,
begrüßt du den Tag –
ohne die Freude am Licht.

Stetig verströmt
der verletzte Stolz
sein zerstörendes Gift
in dein Denken und Tun,
sodass Dunkel umfängt die Gedanken
und ein Elend Besitz von dir nimmt,
das dich würgt.

In den Abgründen
der Verlorenheit
lauern die Wölfe der Angst,
vor deren nächtlichem Geheul
du fliehst in die Illusion der Macht
und ins Tagesgeschrei.

Hart lassen sie dich blecken
die Zähne der Ungerechtigkeit,
und dein Zynismus
peitscht die Gefühle
der Empfindsamen –

während dein innerstes Kind
kläglich weint
beim Geheul der Wölfe,
in den Abgründen
der Verlorenheit …

Ausgeliefert

Zusammengepfercht
an den Stätten der Unwürdigkeit,
sitzen sie,
die erbarmungslos Ausgebeuteten,
mit krummem Rücken
und verkrampften Gliedern
über ihrer Arbeit zum Dumpingpreis.

Ausgeliefert dem Inferno
von Lärm und Gestank,
einatmend die ätzenden Ausdünstungen
vergifteter Stoffe,
schaffen sie die Warenberge
für die gierigen Schluckspechte
der kapitalistischen Welt.

Die Antreiber in den Hallen der Fron,
auch sie versklavt
von den unerbittlichen Gesetzen
wild wuchernder
und zunehmend entgleisender Weltwirtschaft,
haben verloren den Blick
für Erbarmen und Gnade –

selbst Rennende
im Wettlauf ums Überleben
im Hamsterrad.

Die Nutzer des Elends sind fern.
Weitab von den Stätten der Unwürdigkeit,
verleitet vom Aufruf
zum geizgeilen Kauf,
wühlen sie sich
durch den Schnäppchenberg,
der erwuchs

aus der Arbeit zum Dumpingpreis
unter den Händen
der Geknechteten …

Yellow cake*

Frühlingsprall die Knospen am Waldrain,
das erste Märzgrün erwacht.

Blütenschleier
über noch winterschwarz
schimmernden Astknorren
und Vogelvolk,
das melodisch den beginnenden Tag grüßt,
während zarte Nebel weben
über funkelndem Tau
im strahlenden Morgenlicht –
Geschenk an die wachen Sinne des Lebens,
die leise sich öffnen
dem Reichtum der Entfaltung.

Doch die Brillen der Habsucht
haben geschwärzt den Blick auf das Wunder,
und die sich zu Herren machen,
wollen Kuchen.

Den giftig gelben Uran-yellow-cake
haben sie geordert,
zum Nulltarif.

Er bringt sie und ihre Konten zum „Strahlen" –
und mit ihnen all jene,
die gezwungen sind,
den Kuchen zu „backen".

Inmitten geschändeten Daseins,
umgeben von zerstörter Natur,
fristen sie ihre Tage
in Finsternis,
nicht wahrgenommen
von den Kuchen-Blicken der Herren
mit ihren geschwärzten Brillen der Gier.

Weit weg
von frühlingsprallen Knospen am Waldrain
und beraubt des funkelnden Taus
werden sie sterben –

nicht im strahlenden Morgenlicht,
nein! – im strahlenden Müll ...

* „Yellow cake" heißt wörtlich übersetzt „gelber Kuchen" und meint den transportfähigen Ausgangsstoff für die Produktion der Brennelemente, welche in Atomkraftwerken zur Stromproduktion eingesetzt werden. Das Uranerz wird aus dem Boden gewonnen und diversen chemischen und physikalischen Prozessen unterzogen, bis das gelbe Uran-Pulver entsteht. Die Gesundheit der In den Uranminen Arbeitenden wird dabei massiv geschädigt, die Umgebung verstrahlt und das Leben zerstört – fernab der Nutznießer ...

„Wieviel von unserer kostbaren Zeit, die unser Leben ist, fällt hier täglich unter den Tisch – verloren, ungenützt?"[7]

Christa Wolf
(in: Der geteilte Himmel)

Woraus beziehen wir unsere Wertordnung? Womit beschäftigen wir uns in dieser letztlich doch so kurz bemessenen Spanne unseres Erdendaseins?

Leben wir wirklich? Fühlen wir uns als Teil dieser geheimnisvollen, prickelnden Lebendigkeit, die uns umgibt, oder haben wir in Hybris-Manier den Kontakt dazu und damit die Verbindung zu den anderen Lebewesen und gar zu uns selbst verloren oder bewusst gekappt?

Blüte am Bahndamm

Die Keime am Bahndamm,
sie haben sich selbst ausgesät.

Herangeweht
vom launischen Wind
der Vermehrung,
suchten die Samen sich Erdreich
und fanden Halt
in den spärlichen Krumen
am Steilhang.

Geduldig
grub sich das Wurzelgeflecht
hinab in den Grund,
der ihm Widerstand bot,
und folgte unbeirrt
seinem Ziel:
die Blüte zu nähren
im Frühjahr.

Nun verzaubern
die zarten Schleiergespinste
das Knorrwerk
und lassen ahnen
den Traum von Erfüllung,
der schläft
selbst in Grauheit.

Die Hoffnung ist zäh
und trotzt den Kaltwinden
eisigen Scheinheils,
das Leben vortäuscht,
wo Dürre wohnt.

Ihre Fruchtbarkeit
entfaltet sich still,
ihr Geheimnis wahrend
im Wechselspiel
der Weltzeiten,
und sät sich aus –

auch am Bahndamm
der Dürftigkeit ...

Zugezwinkert

Die fern verschwimmende Himmelsbläue
hat leise dir zugezwinkert
und ein sanfter Sommerwind
dir von seiner Liebe zu den Sternen erzählt.

Zartes, durchscheinendes Lichtgewölk
lächelt dir zu
und öffnet deinem Innern
die Pforten zur Unendlichkeit.

Leicht werden deine Gedanken
und tollen übermütig
wie die tapsigen Jungbärchen
über die Alltagshindernisse hinweg,
hinein in Sphären,
wo die Schatten der Lebenstrauer verschwinden
unter dem Freudentaumel deiner Füße,
welche sich einschwingen
in den großen Daseinstanz
aller Wesen.

Aufgenommen
in den Reigen der Unbeschwernis,
öffnen sich alle deine Sinne
dem Unbekannten,
das geheimnisvoll und neckisch dich grüßt
aus fern verschwimmender Himmelsbläue …

Zukunftswelt des Morgen

Rotgoldene Leuchtkraft der Bäume
im herbstlichen Spätlicht,
glitzernde Sonnenspur
auf wellengekräuseltem See.

Die strahlende Bläue
über den Wipfeln des Waldes
lässt jauchzen die Sinne
und beflügelt dein Sein
zu neuen Sprüngen
im Vollzug deiner Tage.

Leicht werden die Gedanken
im kosenden Fächelwind,
der dich einbindet
mit seinem Atemhauch
in jene Sphären des Miteinanders,
denen alles Lebendige angehört.

Erwärmt von den Sonnenstrahlen
der Menschlichkeit,
öffnen sich Hände und Herz
für ein Leben des WIR,
das mitformt die Zukunftswelt des Morgen,
das kämpft
für die Achtung im Hier ...

Spätlicht

Die Abendsonne
malt ihre glitzernde Spur
in unruhigen Mustern
auf die sich wiegenden Wellen des Ozeans,
welche leise und geheimnisvoll plätschern
an der scharfkantigen Küste
des Steilhangs.

Umschmeichelt
vom warmen Orange des Spätlichts,
werden weich
die Konturen des Zerklüfteten,
und das zarte Türkis
beginnender Dämmerung
webt behände
seinen spinnwebfeinen Schleier
über der schimmernden Unendlichkeit
des Meeres.

Noch sind sie fern,
die Leuchtboten der Nacht,
deren Funkeln erstrahlt,
wenn das Tagesgewusel verebbt
und die Sehnsucht der Träume
sich aufschwingt
zu ihrem Flug
Richtung Morgenrot.

Stark sind ihre Schwingen der Hoffnung,
und die reichen Bilder des Lichts
tragen weit,
gespeist von der glitzernden Spur
der Abendsonne,
geleitet von den funkelnden Leuchtboten
der Nacht ...

Werden und Entschwinden

Ein welkes Blatt
in der duftig frischen Wiese,
ein abgestorbener Ast
am grünenden Stamm einer Birke,
Wolkenberge
am leuchtenden Sonnensaum des Himmels
und Kratzer
auf der zerbrechlichen Scheibe
menschlichen Glücks.

Das Auf und Nieder
der Kometenbahnen,
das stete Spiel
des Werdens und Entschwindens,

sie lassen Raum
für deine Lebensspanne,
für diesen kurzen Erdenatemzug
des Seins …

Juwel in der Weite des Alls

Blau schimmernde Erde,
Juwel in der Weite eines Alls,
das sich im Geheimnis
des Nicht-Beantwortbaren verliert.

Lebensspendend umarmt von Feuergluten,
deren Licht
selbst die Seelen
der in Enttäuschung Verstummten
zu erwärmen vermag,

trudelt sie ihre fantastischen Kreise,
beschenkt uns
mit der Buntheit
wechselnder Jahreszeiten
und mit Sonnenauf- und -untergängen,
deren Symbolkraft
Visionen heraufbeschwört
von weltumspannend
vereinender Menschlichkeit.

Träume eines Heilseins,
das sich schimmernd verliert
im Geheimnis
des Nicht-Beantwortbaren –

Juwel in der Weite des Alls ...

„Ich bin so froh, dass ich geboren bin – ich weiß gar nicht, was ich sonst gemacht hätte."[8]

Finn, 7-jährig
(in: Wenn ich mal alt bin,
werde ich gemütlich)

Haben Kinder mehr Ahnung vom Leben, vom Menschsein, als wir durchorganisierten Erwachsenen? Können wir von ihnen vielleicht wieder lernen, unser Da-Sein als Geschenk zu betrachten, dankbar zu sein und Freude darüber zu empfinden, dass wir geboren wurden? Leben Kinder – wenn wir sie denn lassen – noch eher in jenem „Zauber", von dem Hermann Hesse in seinem Gedicht „Stufen" sagt, er wohne jedem Anfang inne?

Dieser Zauber der Selbstvergessenheit, der Hingabe, des leidenschaftlichen Tuns, des spielerischen Da-Seins, des Träumens, … – geht er uns unwiederbringlich verloren?

Kobolde der Freude

Die Kobolde der Freude
haben dich überrannt.
Übermütig
schlagen sie ihre Purzelbäume
und reißen dich mit
in den Wasserfall
kunterbunter Ideen.

Dein Geist sprüht vor heiteren Einfällen,
deine Glieder tanzen
unter dem neckischen Sonnenwind,
und du hüpfst
zwischen dem sich wiegenden Sommergras
mit den ausgelassenen Heuschrecken
um die Wette,
machst dich überschlagende Luftsprünge
in die Weite der Himmelsbläue –
wie die sich fröhlich
im Wasser tummelnden Delfine.

Farbig ist die Welt,
die du heute durchwanderst,
durchsonnt
von einer goldenen Klarheit und Wärme,
die dich umfängt
mit dem schützenden Mantel
der Fraglosigkeit.

Die Begeisterung, am Leben zu sein,
sprengt alle Mauern
alltäglicher Beengung,
sodass die Weite von Himmel und Erde
sich vereinen
und dich grüßen aus Fernen
jenseits der Horizonte.

Die Zeitläufe der Vergänglichkeit
verschmelzen
zu einem Augenblick des Seins,
welcher alles umfasst,
was das Leben hervorbringt.

Aufgehoben
in diesem Strom des Geheimnisses,
tanzt du inmitten der Wellen des Daseins,
kopfüber, kopfunter
im grenzenlosen Wechselspiel
von Geben und Nehmen,
fühlst dich verbunden
mit allen Wesen der Zeit –

und schlägst Purzelbäume
mit den übermütigen Kobolden der Freude,
in dieser farbigen Welt
von heute ...

Geheimnis länger werdender Nächte

Der Herbst hat seine Spur gezogen,
versucht,
eine Schneise der Stille zu legen
in die von Lärm gequälten
Land- und Stadtschaften
der Ist-Zeit.

Seine Leuchtfarbe
flammt unbeachtet am Waldsaum,
herüberscheinend aus anderen Sphären
als das Neongrell
unserer Scheinweltgedanken.

Der Hastende
vernimmt nicht das leise Geflüster
des sich neigenden Spätgrases,
den geheimnisvoll
raschelnden Laubfall
im verzaubernden Zwielicht
zwischen Kommen und Gehen.

Das Geheimnis
länger werdender Nächte
bleibt unentdeckt
von den Geschäftigen,
erreicht nicht den Wühler
in seinem Schnäppchenrausch.

Doch in den Spurenlesern
des Lebendigen
wachsen Ahnung und Zuversicht,
und das Staunen hält sie warm
in den Nächten der Winterstille,

denn jenseits des Waldsaums
lächelt
der schlummernde Frühlingsruf ...

Lichtspiele

Lichtspiele
im Baum des Glücks,
Sonnengekringel
im tanzenden Sommerlaub,
Schmetterlingslachen
im Taumel der Blütenfülle
und das Leuchten
deiner Augen
in der Weite
der Geheimnisbläue.

Lebendigkeit,
gebannt in vibrierenden Gliedern,
Geheimnis,
verhüllt von Alltäglichkeit,
Wunder des Daseins,
versteckt
hinter den Worten des Banalen,
und Staunen,
das neu sich gebiert.

Am Morgen
der Unendlichkeit
sind die Wesen eingetaucht
in die Fülle der Zeit,
haben zu wurzeln versucht
im Fassbaren –

während ihr Innerstes schwebt
zwischen den Sonnenkringeln
im tanzenden Sommerlaub
und sich mitnehmen lässt
vom Staunen,

das neu sich gebiert ...

Flamme der Empörung

Noch sind wir nah
an den Gefilden der Urzeit,
kaum ein paar Atemzüge entfernt
von den Anfängen des Lebens,
doch hineingespült
in Welten des Vergessens,
gestrandet an der Steilküste der Verlorenheit.

Durchtrennt haben wir
die Leben spendende Nabelschnur
zum Geheimnis allen Seins,
sind hinaufgestolpert in ein Tageslicht,
dessen Scheinwerfer
nur oberflächliche Klarheit bringen.

Mit dem Röntgenblick
analytischen Erforschungswillens
begutachten wir unsere Habens-Welt,
durchkämmen alle Dimensionen
des Existierens,
erreichen Wissenshöhen
gigantischer Weite –

doch die Sehnsucht
nach Leben und Sein
irrt umher
im Niemandsland versteinerter Reichtümer.

Die Helle am Horizont ist fahl,
sie narrt uns mit Trugbildern
vorgegaukelter Erlösung –
selbst sie im Dienst seelischer Ausbeutung
und psychologischer Misswirtschaft.

Ihrer Freiheit beraubt,
missbraucht für fragwürdigen Zugewinn,
erwachen die Seelen der Gedemütigten.

Die Farbe des Zorns
steigt auf aus den Gedanken jener,
die nicht länger ertragen
den Fluch von Verachtung und Knechtschaft
in einem System der Zerstörung.

Gespenstisch flackert die Flamme der Empörung
über den Namenlosen, die leiden.
Schnell reichen sie weiter
ihre heiße Fackel des Protests
an die Mitgestrandeten
auf der Steilküste der Verlorenheit.

Und sie tasten nach den Wurzeln des Lebens,
kämpfen gemeinsam
gegen Versklavung und Ungerechtigkeit
und erhellen die Welt
mit dem Lichte des Zweifels …

Nahender Aufbruch

Weißfiedriges Frühlingsgewölk
über erwachendem See,
Junggras,
das glänzt
im Licht wärmender Zartbrise,
Erstarrung,
die sich löst
nach den Kaltmonaten
dunkler Zeit –
Sehnsucht, die wächst.

Atem holen
unter lichtblauer Unendlichkeit,
Glieder dehnen
im Takt
mit sich regender Blühlust,
Ausschau halten
nach den Verheißungen der Sonnenzeit –

Aufbruch der naht ...

Inhalt

Zitatnachweise:

1 Bachmann, Ingeborg: Sämtliche Gedichte, Piper Verlag,
   München 2005, Seite 92.
2 Camus, Albert: Ziel eines Lebens, Suhrkamp Verlag,
   Frankfurt 1974, Seite 103.
3 Frisch, Max: Andorra, Suhrkamp Verlag, Frankfurt 1969,
   Buchumschlag Rückseite.
4 Jähn, Sigmund: Der Spiegel, 15/2011, Seite 146.
5 http://www.bk-luebeck.eu/zitate-platon.html, 13.01.2018.
6 Hessel, Stéphane: Empört euch! Ullstein Buchverlage,
   Berlin 2011, Seite 9.
7 Wolf, Christa: Der geteilte Himmel, Deutscher Taschenbuch Verlag,
   München 2001, Seite 211.
8 Finn, In: Wenn ich mal alt bin, werde ich gemütlich,
   Verlagsgruppe Weltbild, Augsburg o. Jahr, o. Seite.

Bildnachweise:

Die von der Autorin gestalteten Bilder basieren auf eigenen Fotos.

Von der Autorin bereits erschienen:

tredition Verlag GmbH Hamburg 2018
www.tredition.de

Homepage der Autorin: https://www.atelier-roraz.de
Leseprobe siehe Verlagsseite

ISBN: 978-3-7469-1190-8

Zeitfracht Medien GmbH
Ferdinand-Jühlke-Straße 7
99095 Erfurt, Deutschland
produktsicherheit@kolibri360.de